Wunderschön filigran stimmen Fenstersterne auf Weihnachten ein. Bereits die ganze Adventszeit erfreuen sie unser Herz und schmücken unser Zuhause. Die in diesem Buch vorgestellten Sterne entstehen aus Butterbrottüten und sind im Handumdrehen hergestellt: Einfach die gewünschte Anzahl an Butterbrottüten (7-11 Stück) aneinanderkleben, Zacken einschneiden, aufklappen, Aufhängeband durchziehen, fertig! Dekorative Effekte entstehen durch den Einsatz von Glitzerfolie, Stempeln, Motivstanzern und farbigen Klebebändern, die Sternenmitten werden mit Knöpfen, Perlen oder Filzmotiven gestaltet. Zum Aufbewahren oder Verschicken lassen sie sich platzsparend zusammenklappen.

Alle Sterne sind auf stimmungsvollen Fotos abgebildet und ausführlich beschrieben, sodass sie leicht nachgearbeitet werden können. Die Vorlagen und die beiliegende Schablone garantieren ein professionelles Ergebnis.

Ich wünsche Ihnen viel Spaß beim Basteln und Dekorieren

Blattmetall erhält man meist in den Farben Gold, Kupfer und Silber, aber auch geflammt in Blau-Gold, Rot-Gold und Grün-Gold.

Der Holzknopf schafft einen effektvollen Kontrast.

Edles Blattgold

mit Astknopf und Goldkordel

MOTIVHÖHE
40 cm

MATERIAL
- 9 Butterbrottüten in Weiß, mit Seitenfalte, 10 cm x 21,7 cm
- Rest Goldfolie mit Sternendruck
- Rest Fotokarton in Weiß
- 3 Blätter Blattgoldfolie, je 14 cm x 14 cm
- Anlegemilch
- Astknopf, ø 3,5 cm
- Goldkordel, ø 0,3 cm, 25 cm lang
- Aufhängeband in Gold mit Pailletten, 1 cm breit, 80 cm lang
- 2 Fotokartonstreifen in Weiß, 1,5 cm x 21 cm
- Kreisstanzer mit Bogenrand, ø 6,5 cm

VORLAGE
Bogen 1A

1 Legen Sie die neun Butterbrottüten auf eine Arbeitsunterlage und betupfen Sie jede Tüte mithilfe des Pinsels mit etwas Anlegemilch. Gemäß der Herstellerangaben trocknen lassen. Legen Sie anschließend die Blattgoldfolie auf die Tüten – diese bleibt im Bereich der Anlegemilch haften. Reiben Sie das Blattgold mit dem Pinsel auf. Die Rückseiten der Tüten fertigen Sie ebenso.

2 Kleben Sie vier bzw. fünf Tüten passend aufeinander und übertragen Sie die Vorlage auf die jeweils erste Tüte. Schneiden Sie die Sternenspitze mit der Zackenschere und die unteren Ausschnitte mit der Papierschere zu. Jetzt können Sie die Sternenteile deckungsgleich aufeinanderkleben.

3 Legen Sie die Fotokartonstreifen übereinander und bringen Sie an einem Ende mit dem Locher eine Stanzung an. Runden Sie das obere Ende über der Stanzung ab. Dann kleben Sie die Streifen senkrecht in der Mitte auf die Vorder- und Rückseite des zusammengeklebten Butterbrottütensterns.

4 Stanzen Sie für die Sternenmitte mit dem Kreisstanzer einen Kreis aus der Goldfolie aus. Schneiden Sie außerdem aus dem weißen Fotokarton einen Kreis mit einem Durchmesser von 7 cm aus. Kleben Sie beide aufeinander. Ziehen Sie die Goldkordel mittig durch den Astknopf und verknoten Sie sie an der Vorderseite. Dann den Knopf mittig auf die Goldfolie kleben. Nun können Sie die Sternenmitte fixieren und den Stern an der Goldkordel aufhängen.

Duo mit Herz

Spitzenlook mit Filzherzen

MOTIVHÖHE

großer Stern 40 cm

kleiner Stern 30 cm

MATERIAL

- 2 x je 10 Butterbrottüten in Weiß, mit Seitenfalte, 10 cm x 21,7 cm
- 2 Tortendeckchen in Weiß, ø 11 cm
- Packpapierreste in Braun
- Rest Scrapbookingkarton in Braun-Weiß gepunktet
- Rest Designfilz in Hellbraun
- 2 Kordelstücke in Weiß-Braun gestreift, ø 0,2 cm, je 25 cm lang
- Spitzenstanzer, Stanzfeld 5 cm lang
- 2 Stücke Chiffonband in Braun, 0,7 cm breit, je 80 cm lang
- je 2 Fotokartonstreifen in Weiß, 1,5 cm x 22,5 cm (großer Stern) und 1,5 cm x 17 cm (kleiner Stern)

VORLAGE

Bogen 2A

1 Übertragen Sie zunächst die Vorlage auf die Butterbrottüten und schneiden Sie die Sternenspitzen mit der Zackenschere zu. Mit dem Stanzer bringen Sie nun auf beiden Seiten in die Seitenfalten der Tüten und 5 cm vom unteren Rand entfernt die Spitzenbordüre an. Bei dem großen Stern stanzen Sie zusätzlich 1 cm über der ersten Bordüre eine weitere.

2 Kleben Sie die Butterbrottüten deckungsgleich aufeinander. Legen Sie die Fotokartonstreifen für die Aufhängung aufeinander und bringen Sie an einem Ende mit dem Bürolocher eine Stanzung an. Runden Sie die Streifenenden über der Stanzung etwas ab. Dann kleben Sie die Streifen senkrecht und mittig auf die erste und die letzte Brottüte.

3 Schneiden Sie für den kleinen Stern aus dem gepunkteten Scrapbookingkarton einen Kreis mit einem Durchmesser von 6,5 cm, für den großen Stern einen Kreis mit 7,5 cm Durchmesser aus. Dann schneiden Sie aus Packpapier für den kleinen Stern einen Kreis mit 8 cm Durchmesser, für den großen Stern einen Kreis mit 9 cm Durchmesser zu. Kleben Sie die Kreise gemäß der Abbildung aufeinander und dann mittig auf die Tortendeckchen.

4 Schneiden Sie die Herzen aus Designfilz gemäß der Vorlage zu und kleben Sie sie auf. Dann je ein 25 cm langes Kordelstück zu einer Schlaufe binden und auf die Herzen kleben. Nun können Sie die Sterne jeweils am Chiffonband aufhängen.

Mein Tipp für Sie

VARIATION Sie können das Herz ebenso auch aus andersfarbigem Filz zuschneiden, Fotokarton dafür verwenden oder stattdessen einen Knopf in Herzform anbringen.

Im Kreuzstich-Look

mit Herzen und Elch

MOTIVHÖHE
40 cm

MATERIAL
- 9 Butterbrottüten in Weiß, mit Seitenfalte, 10 cm x 21,7 cm
- Stempelkissen und Einbrennpulver in Dunkelblau
- Stempel: Herz mit Kreuzstichen, ø 1,5 cm und Elch mit Kreuzstichen, ca. 3,5 cm hoch
- Rest Fotokarton in Dunkelblau
- Rest Fotokarton in Weiß
- Rest Scrapbookingpapier in Türkis-Weiß kariert
- 2 Fotokartonstreifen in Weiß, 1,5 cm x 22 cm
- Kreisstanzer mit Bogenrand, ø 6,5 cm
- Spitzenband in Türkis, 0,7 cm breit, 80 cm lang

VORLAGE
Bogen 2A

1 Übertragen Sie die Vorlage auf die Butterbrottüten. Schneiden Sie zunächst bei jeder Brottüte den oberen Rand gemäß der Vorlage zu. Knicken Sie die Brottüte in der Mitte längs und schneiden Sie in den äußeren Falträndern und in der Mitte die Herzmuster ein. Schneiden Sie auch in der unteren Hälfte an den äußeren Rändernder Tüten die Halbkreise aus.

2 Jetzt können Sie die Tüten bestempeln. Streuen Sie das Einbrennpulver in die noch nasse Farbe und fixieren Sie diese mit dem Heißluftföhn. Vorsicht! Halten Sie immer etwas mehr Abstand, damit die Tüten keine Brandstellen bekommen. Ist alles getrocknet, fertigen Sie die Rückseiten der Tüten ebenso.

3 Kleben Sie die Tüten deckungsgleich aufeinander. Legen Sie die Fotokartonstreifen für die Aufhängung aufeinander und bringen Sie an einem Ende mit dem Bürolocher eine Stanzung an. Runden Sie die Streifenenden über der Stanzung etwas ab. Dann kleben Sie die Streifen senkrecht und mittig auf die erste und die letzte Brottüte.

4 Stanzen Sie aus weißem Fotokarton den Kreis aus und stempeln Sie mittig den Elch auf. Das Einbrennpulver aufstreuen und ebenfalls mit dem Heißluftföhn fixieren. Schneiden Sie aus dem karierten Scrapbookingkarton einen Kreis mit einem Durchmesser von 7,5 cm und aus dem blauen Fotokarton einen Kreis mit 8,5 cm Durchmesser aus. Kleben Sie anschließend alles wie auf der Abbildung zu sehen aufeinander.

5 Fixieren Sie die Sternenmitte mit 3-D Klebepunkten oder Alleskleber und ziehen Sie das Spitzenband durch die Aufhängung.

Mein Tipp für Sie

FARBWAHL Der Stern wirkt auch sehr schön, wenn Sie statt blauer Stempelfarbe rote oder goldene verwenden.

Mit Glamoureffekt

dank Glitzerfolie

1 Übertragen Sie die Butterbrottütenspitzen und Ausschnitte vom Vorlagenbogen und schneiden Sie sie aus. Stanzen Sie mit dem Kreisstanzer in die seitlichen Faltlinien je zwei Kreise, wie sie auf der Vorlage eingezeichnet sind.

2 Übertragen Sie die Vorlage für die Sternenspitzen 18 Mal auf die türkisfarbene Glitzerfolie und schneiden Sie sie aus. Arbeiten Sie hierbei sehr sorgfältig, da diese später sehr genau übereinanderpassen müssen. Kleben Sie nun die Folienstücke auf der Vorder- und Rückseite der Butterbrottüten am oberen Rand auf.

3 Bringen Sie mit der Lochzange, wie auf der Vorlage zu sehen, Stanzungen mit einem Durchmesser von 4,5 mm an. Anschließend kleben Sie alle Butterbrottüten passend übereinander.

4 Legen Sie die Fotokartonstreifen übereinander und bringen Sie an einem Ende mit einem Bürolocher eine Stanzung an. Schneiden Sie die Streifen über der Stanzung etwas rund. Kleben Sie die Streifen anschließend senkrecht und mittig auf die erste und die letzte Brottüte.

5 Fertigen Sie nun die Mitte. Schneiden Sie aus dem weißen Fotokarton einen Kreis mit einem Durchmesser von 4,5 cm zu. Aus der Glitzerfolie fertigen Sie mit dem Stanzer einen Kreis mit Bogenrand. Kleben Sie beides aufeinander und in der Mitte den Strassstein an. Ziehen Sie das Satinband durch die Aufhängung.

MOTIVHÖHE
40 cm

MATERIAL
- 9 Butterbrottüten in Weiß, mit Seitenfalte, 10 cm x 21,7 cm
- 1 Rolle Glitzerfolie in Türkis, selbstklebend
- Kreisstanzer mit Bogenrand, ø 3,5 cm
- Kreisstanzer, ø 1 cm
- 2 Fotokartonstreifen in Weiß, je 1,5 cm x 23 cm
- Satinband in Türkis, 0,5 cm breit, 75 cm lang
- Strassstein in Silber, ø 2,3 cm
- Rest Fotokarton in Weiß

VORLAGE
Bogen 2A

Mein Tipp für Sie

Falls die Ränder an den Sternenspitzen nicht genau aufeinander passen, können Sie sie nach dem Zusammenkleben der Tüten vorsichtig mit einer kleinen Schere korrigieren.

Glitzer- bzw. Hologrammfolie ist in vielen weiteren Farben erhältlich, so z. B. auch in Silber, Gold und Rot.

Der Strassstein in der Mitte sorgt für zusätzlichen Glanz.

Modernes Quartett

im Schwarz-Weiß-Look

MOTIVHÖHE
schwarz-weiß gestreifte Sterne je 17 cm
Stern mit schwarzen Punkten 18 cm
Stern mit Stempel 40 cm

MATERIAL

SCHWARZ-WEISS GESTREIFTE STERNE

- je 10 Papiertüten in Schwarz-weiß gestreift, ohne Seitenfalte, 7 cm x 9 cm
- je 2 Fotokartonstreifen in Weiß, 1 cm x 12 cm
- Kordel in Braun, ø 0,2 cm, 50 cm lang

STERN MIT SCHWARZEN PUNKTEN

- 11 Papiertüten in Weiß mit schwarzen Punkten, ohne Seitenfalte, 7 cm x 9 cm
- 2 Fotokartonstreifen in Weiß, 1 cm x 12 cm
- Kordel in Braun, ø 0,2 cm, 50 cm lang

STERN MIT STEMPEL

- 8 Butterbrottüten in Weiß, mit Seitenfalte, 10 cm x 21,7 cm
- Kreisstempel mit Karomuster, ø 1,5 cm
- Stempelkissen und Einbrennpulver in Schwarz
- 2 Fotokartonstreifen in Weiß, 1,5 cm x 22 cm
- Kordel in Braun, ø 0,2 cm, 50 cm lang

VORLAGE
Bogen 2A

Schwarz-weiß gestreifte Sterne

1 Kleben Sie 2x fünf Tüten zusammen und übertragen Sie die Vorlage. Schneiden Sie den oberen Rand mit der Zackenschere bzw. Papierschere zu. Schneiden Sie auch die übrigen Ausschnitte mit der Schere und kleben Sie die Sternenteile aufeinander.

2 Legen Sie die Fotokartonstreifen übereinander und bringen Sie an einem Ende mit dem Locher eine Stanzung an. Dann schneiden Sie die Streifen über der Stanzung etwas rund. Kleben Sie die Streifen jeweils auf die Außenseiten der ersten und letzten Papiertüte fest und befestigen Sie das Chiffonband.

Stern mit schwarzen Punkten

Den schwarz-weiß-gepunkteten Stern fertigen Sie genauso wie die schwarz-weiß gestreiften Sterne.

Stern mit Stempel

1 Übertragen Sie das Muster mithilfe der Vorlage auf die Butterbrottüten und schneiden Sie die Ränder und Ausschnitte aus. Stempeln Sie die Kreise auf die Butterbrottüten und streuen Sie das Einbrennpulver ein. Dann fixieren Sie es mit einem Heißluftföhn. Die Rückseiten der Tüten gestalten Sie ebenso. Kleben Sie die Tüten deckungsgleich aufeinander.

2 Legen Sie die Fotokartonstreifen übereinander und bringen Sie am Ende eine Stanzung mit einem Bürolocher an. Über der Stanzung die Streifenenden etwas rund zuschneiden. Dann können Sie die Streifen senkrecht und mittig auf die erste und die letzte Brottüte kleben. Hängen Sie den Stern am Chiffonband auf.

Effektvoll verziert

mit Tortendeckchen

1 Schneiden Sie den oberen Rand von jeder Brottüte mithilfe der Vorlage zu. Sprühen Sie die Tortendeckchen auf beiden Seiten silber und lassen Sie sie gut trocknen. Schneiden Sie die Tortendeckchen 2,5 cm von einem Rand entfernt gerade und kleben Sie sie mit dieser Seite am unteren Rand der Butterbrottüten auf Vorder- und Rückseite auf.

2 Stempeln Sie die Sterne auf die Tüten und streuen Sie das Einbrennpulver in die nasse Farbe. Fixieren Sie es mit einem Heißluftföhn. Jetzt kleben Sie die Butterbrottüten deckungsgleich übereinander.

3 Legen Sie die Fotokartonstreifen übereinander und bringen Sie mit einem Bürolocher an einem Ende eine Stanzung an. Schneiden Sie die Streifen über der Stanzung halbrund ab und kleben Sie die Streifen senkrecht und mittig an die erste und die letzte Brottüte.

4 Fertigen Sie die Sternen-Mitte mithilfe der Vorlage aus Fotokarton und Designfilz, indem Sie die Sternenform ausschneiden. Beides aufeinanderkleben, dann können Sie den Knopf aufkleben. Fixieren Sie die Sternenmitte und ziehen Sie das Silberband durch die Aufhängeschlaufen.

Mein Tipp für Sie

FARBWAHL Tortendeckchen gibt es auch in vielen weiteren Farben, so z. B. in Rosa, Hellgrün und Silber. Passen Sie dann entsprechend die Farbe für Knopf und Filzstern an.

MOTIVHÖHE
40 cm

MATERIAL
- 9 Butterbrottüten in Weiß, mit Seitenfalte, 10 cm x 21,7 cm
- 18 Tortendeckchen in Weiß, ø 11 cm
- Sprühfarbe in Silber
- Stempel: Stern, ø 1 cm
- Stempelkissen und Einbrennpulver in Silber
- Rest Fotokarton in Weiß
- Rest Designfilz in Grau
- Knopf in Grau, ø 2 cm
- 2 Fotokartonstreifen in Weiß, 1,5 cm x 21,5 cm
- Band in Silber mit Sternen, 1 cm breit, 75 cm lang

VORLAGE
Bogen 1A

Mit edlen Perlen

zart in Weiß-Rosa

MOTIVHÖHE
40 cm

MATERIAL

- 5 Butterbrottüten in Weiß, mit Seitenfalte, 10 cm x 21,7 cm
- Rolle Geschenkpapier in Rosa-weiß gemustert
- 2 Fotokartonstreifen in Weiß, 1,5 cm x 22 cm
- Rest Fotokarton in Weiß
- Drahtsternrohling, ø 8 cm
- 4 Wachsperlen in Rosa, ø 0,7 cm
- 8 Wachsperlen in Rosa, ø 0,3 cm
- 20 Wachsperlen in Weiß, ø 0,3 cm
- 20 ovale Wachsperlen in Rosa, 0,2 cm x 0,5 cm
- Kreisstanzer mit Bogenrand, ø 6,5 cm
- Schmuckzange
- Chiffonband in Rosa, 0,7 cm breit, 50 cm lang

VORLAGE
Bogen 1A

1 Schneiden Sie aus dem Geschenkpapier fünf Rechtecke von je 21 cm x 20 cm zu. Knicken Sie eine 20 cm lange Seite 1 cm um und kleben Sie die Rechtecke an dieser Klebekante zusammen. Dann kleben Sie je ein Geschenkpapierrechteck auf eine weiße Brottüte.

2 Schneiden Sie nun den oberen Rand und die Ausschnitte mit einer Schere zu. Dann kleben Sie die Butterbrottüten deckungsgleich aufeinander.

3 Legen Sie die Fotokartonstreifen aufeinander und bringen Sie an einem Ende mit dem Locher eine Stanzung an. Über der Stanzung schneiden Sie die Streifen etwas rund. Dann kleben Sie die Streifen mittig und senkrecht auf die erste und die letzte Brottüte.

4 Ziehen Sie die Perlen wie auf dem Foto zu sehen oder nach Fantasie auf den Drahtrohling und biegen Sie die Drahtenden mit der Schmuckzange um. Dann stanzen Sie aus dem weißen Fotokarton einen Kreis aus und schneiden aus dem Geschenkpapier einen Kreis mit einem Durchmesser von 4,5 cm aus. Kleben Sie beide Kreise aufeinander. Dann den Stern mittig mit Heißkleber befestigen. Fixieren Sie die Mitte auf dem Stern und hängen Sie ihn mit Chiffonband auf.

Mein Tipp für Sie

PAPIERWAHL Statt des rosa gemusterten Papiers können Sie auch jedes andere Papierdesign verwenden. Entsprechend passen Sie dann die Farbe der Perlen für die Sternenmitte an.

Winterimpressionen

mit Schneeflocken

MOTIVHÖHE
48 cm

MATERIAL

- 7 Geschenktüten in Türkis mit Seitenfalte, 13,5 cm x 25 cm
- Stempel: Schneeflocke, ø 1,5 cm
- Spitzenband in Weiß, selbstklebend, 1 cm breit, 2 m lang
- Stempelkissen und Einbrennpulver in Weiß
- Tortendeckchen in Weiß, ø 12 cm
- Rest Formfilz in Weiß
- Knopf in Grau, ø 2,5 cm
- Satinband in Türkis, 0,3 cm breit, 25 cm lang
- Chiffonband in Weiß, 0,7 cm breit, 75 cm lang
- 2 Fotokartonstreifen in Weiß, 1,5 cm x 26 cm

VORLAGE
Bogen 1A

1 Schneiden Sie zunächst die Sternenspitzen und Ausschnitte der Geschenktüten zu. Dann stempeln Sie die Schneeflocken verteilt auf den Tüten auf. Streuen Sie das Einbrennpulver ein und fixieren Sie dieses mit einem Heißluftföhn. Die Rückseiten der Tüten fertigen Sie ebenso.

2 Kleben Sie in die Falten der Tüten oberhalb des seitlichen Ausschnitts das Spitzenband ein. Schneiden Sie die Enden passend zum Abschluss des Ausschnittes bzw. des oberen Randes zu. Jetzt kleben Sie die Tüten passend aufeinander.

3 Legen Sie die Fotokartonstreifen übereinander und bringen Sie mit dem Locher an einem Ende eine Stanzung an. Dann den oberen Rand etwas abrunden und die Streifen mittig senkrecht auf die erste und letzte Geschenktüte kleben.

4 Schneiden Sie den Stern mithilfe der Vorlage aus Formfilz aus und kleben Sie ihn mittig auf das Tortendeckchen. Ziehen Sie das Satinband mittig durch den Knopf und binden Sie es zur Schleife. Kleben Sie den Knopf auf und fixieren Sie das Mittelteil auf dem Stern. Jetzt können Sie den Stern am Chiffonband aufhängen.

Mein Tipp für Sie

STERNENMITTE Sie können für die Sternenmitte statt des runden Knopfes auch einen Knopf in Sternform verwenden oder einen hübschen Strassstein aufkleben.

Extravagant

mit Kupfereffekt

MOTIVHÖHE
40 cm

MATERIAL
- 6 Butterbrottüten in Weiß, mit Seitenfalte, 10 cm x 21,7 cm
- Rolle Geschenkpapier in Weiß-Kupfer gemustert
- Tortendeckchen in Weiß, ø 11 cm
- Sprühfarbe in Kupfer
- Rest Fotokarton in Weiß
- Stempel: Eule, ca. 7,5 cm hoch
- Stempelkissen in Kupfer
- Einbrennpulver in Kupfer-Glitter
- 6 Halbperlen, selbstklebend, in Weiß/Perlmutt
- Band in Kupfer mit Goldrand, 0,3 cm breit, 80 cm lang
- Kreisstanzer, ø 1 cm
- 2 Fotokartonstreifen in Weiß, 1,5 cm x 22 cm

VORLAGE
Bogen 1A

1 Schneiden Sie zunächst aus dem Geschenkpapier sechs Rechtecke mit den Maßen 21 cm x 20 cm zu. Knicken Sie eine 20 cm lange Seite 1 cm um und kleben Sie die Rechtecke an dieser Klebekante zusammen. Jetzt kleben Sie je ein Geschenkpapierstück auf eine weiße Brottüte.

2 Schneiden Sie mithilfe der Vorlage den oberen Rand und die Ausschnitte aus. Bringen Sie auch mit dem Kreisstanzer die entsprechenden Stanzungen an. Anschließend kleben Sie die Butterbrottüten deckungsgleich übereinander.

3 Legen Sie die Fotokartonstreifen aufeinander und bringen Sie an einem Ende mit dem Stanzer eine Lochung an. Schneiden Sie die Streifen am Ende über der Lochung halbrund und kleben Sie die Aufhängestreifen senkrecht auf die Butterbrottüten.

4 Fertigen Sie nun die Sternenmitten. Besprühen Sie das Tortendeckchen mit dem Kupferspray und lassen es gut trocknen. Schneiden Sie aus dem weißen Fotokarton einen Kreis mit 8,5 cm Durchmesser aus. Stempeln Sie die Eule mittig auf und streuen Sie das Einbrennpulver darüber. Fixieren Sie es mit einem Heißluftföhn.

5 Kleben Sie das Eulenmotiv mittig auf das Tortendeckchen und bringen Sie links und rechts von ihr je drei Halbperlen an. Dann können Sie die Mitte fixieren und den Stern am kupferfarbenen Band aufhängen.

Mein Tipp für Sie

Statt der Eule können Sie auch andere Stempel verwenden, z. B. einen Engel oder ein anderes weihnachtliches Motiv.

Im Naturlook

aus Packpapiertüten

MOTIVHÖHE
brauner Stern 32 cm
weiß-brauner Stern 40 cm

MATERIAL
- 2 Tortendeckchen, ø 12 cm
- Paketschnur in Natur, ø 0,2 cm, je 75 cm lang
- Stempel: Sternenornament, ø 3 cm und Sterne, ø 1,5 cm
- Stempelkissen und Einbrennpulver in Weiß

ZUSÄTZLICH FÜR BRAUNEN STERN
- 7 Packpapiertüten in Braun, mit Seitenfalte, 10 cm x 25 cm
- 2 Fotokartonstreifen in Weiß, 1,5 cm x 20 cm
- Pompon in Weiß, ø 5 cm

ZUSÄTZLICH FÜR WEISS-BRAUNEN STERN
- 4 Packpapiertüten in Braun, mit Seitenfalte, 10 cm x 25 cm
- 4 Butterbrottüten in Weiß, mit Seitenfalte, 10 cm x 21,7 cm
- 2 Fotokartonstreifen in Weiß, 1,5 cm x 22 cm
- Knopf in Weiß, ø 3,5 cm
- Flauschkordel in Weiß, 0,5 cm, 30 cm lang

VORLAGE
Bogen 1B

1 Für den braunen Stern bestempeln Sie jede Tüte mit dem Sternenornament und dem Stern, für den weiß-braunen Stern nur die braunen Tüten. Streuen Sie das Einbrennpulver ein und fixieren Sie es mit einem Heißluftföhn. Die Rückseiten der Tüten gestalten Sie ebenso.

2 Schneiden Sie die oberen Ränder und Ausschnitte mithilfe der Vorlage zu. Dann kleben Sie die Tüten deckungsgleich aufeinander. Für den weiß-braunen Stern immer abwechselnd eine weiße und eine braune Tüte zusammenkleben.

3 Legen Sie die Fotokartonstreifen übereinander und bringen Sie an einem Ende mit dem Locher eine Stanzung an. Dann schneiden Sie die Streifen über der Stanzung etwas rund. Kleben Sie die Streifen jeweils auf die erste und letzte Brottüte.

4 Schneiden Sie von den Tortendeckchen die äußeren Spitzen ab, sodass nur noch das Innenteil übrig ist. Für den weiß-braunen Stern kleben Sie den Pompon auf das Tortendeckchen. Ziehen Sie für die Mitte des braunen Sterns das Flauschband durch den Knopf und verknoten Sie es. Kleben Sie den Knopf mittig auf das Tortendeckchen für den braunen Stern.

5 Fixieren Sie die Sternen-Mitten und hängen Sie die Sterne jeweils am Spitzenband auf.

Mein Tipp für Sie

GRÖSSE VARIIEREN Packpapiertüten gibt es in vielen verschiedenen Größen. Wählen Sie sie nach der von Ihnen gewünschten Sternengröße aus.

Hübsch aufgereiht

Sternengirlande

MOTIVHÖHE
Sterne mit Eulen je 25 cm

Sterne aus Geschenktüten 18 cm

MATERIAL
STERNE MIT EULEN
- je 10 Pergamintüten in Weiß, ohne Seitenfalte, 9,5 cm x 13 cm
- je 2 Fotokartonstreifen in Weiß, 1 cm x 15 cm
- Stempel: Eule, 2 cm hoch
- Stempelkissen in Kupfer
- Einbrennpulver in Kupfer-Glitter

STERNE AUS GESCHENKTÜTEN
- je 11 Mini-Geschenktüten in Braun ohne Seitenfalte, 6,3 cm x 9,3 cm
- je 2 Fotokartonstreifen in Weiß, 1 cm x 10,5 cm

GIRLANDE
- Band, braun-kariert, 1 cm breit, 2 m lang

VORLAGE
Bogen 1B

Sterne mit Eulen

1 Schneiden Sie die Sternenspitzen und Ausschnitte gemäß der Vorlage zu und stempeln Sie die Eulen auf. Streuen Sie das Einbrennpulver in die Farbe und fixieren Sie es mit einem Heißluftföhn.

2 Die Rückseiten der Tüten werden ebenso gestaltet. Kleben Sie jeweils zehn Tüten deckungsgleich zusammen.

3 Legen Sie die Fotokartonstreifen übereinander und bringen Sie an einem Ende mit dem Locher eine Stanzung an. Dann schneiden Sie die Streifen über der Stanzung etwas rund. Kleben Sie die Streifen jeweils auf die erste und letzte Tüte.

Sterne aus Geschenktüten

Fertigen Sie die Sterne genauso wie bei den Sternen mit Eule beschrieben. Den oberen Rand schneiden Sie mit einer Zackenschere zu.

Hinweis: Um eine Girlande aus den Sternen zu gestalten, hängen Sie sie nebeneinander z. B. an einem braunen Karoband auf.

Romantik in Rosa

Stern mit Astknopf

MOTIVHÖHE
48 cm

MATERIAL
- 8 Geschenktüten in Rosa mit Sternenmuster und Seitenfalte, 12 cm x 24 cm
- 2 Fotokartonstreifen in Weiß, 1,5 cm x 28 cm
- Baumwollband in Rosa, 0,7 cm breit, 75 cm lang
- Astknopf, ø 6 cm
- Zackenlitze in Weiß, 0,7 cm breit, 35 cm lang

VORLAGE
Bogen 1B

1 Schneiden Sie die Spitzen und Ausschnitte jeder Geschenktüte mithilfe der Vorlage zu. Kleben Sie die Geschenktüten deckungsgleich aufeinander.

2 Legen Sie die Fotokartonstreifen übereinander und bringen Sie an einem Ende mit einem Locher eine Stanzung an. Dann schneiden Sie den Streifen über der Stanzung etwas rund und kleben die Streifen auf die erste und letzte Geschenktüte senkrecht und mittig auf.

3 Ziehen Sie die Zackenlitze mittig durch den Knopf und verknoten Sie sie. Dann fixieren Sie ihn in der Sternenmitte und hängen den Stern am Band auf.

Mein Tipp für Sie

MUSTERWAHL Geschenktüten gibt es in vielen verschiedenen Farben und mit zahlreichen Mustern. Variieren Sie dazu nach Wahl die Gestaltung der Sternenmitte.

Zarte Eleganz

mit Sternenmuster

MOTIVHÖHE
je 40 cm

MATERIAL
- je 8 Butterbrottüten in Weiß, mit Seitenfalte, 10 cm x 21,7 cm
- Motivstanzer: Stern, ø 1,5 cm
- je 2 Fotokartonstreifen in Weiß, 1,5 cm x 22,5 cm
- Chiffonband in Weiß, 0,7 cm breit, je 75 cm lang

VORLAGE
Bogen 1B

1 Kleben Sie je zwei Butterbrottüten aufeinander und übertragen Sie die Vorlagen. Schneiden Sie die Sternenspitzen mit der Zackenschere zu.

2 Gemäß der Vorlage bringen Sie nun die Stanzungen mit dem Motivstanzer und der Lochzange (ø 4,5 mm) an. Jetzt kleben Sie je vier Sternenteile deckungsgleich übereinander.

3 Lochen Sie die Fotokartonstreifen und runden Sie jeweils ein Ende ab. Kleben Sie die Streifen als Aufhängung auf die Außenseiten der Butterbrottütensterne. Hängen Sie die Sterne auf, indem Sie das weiße Chiffonband durch die Aufhängestreifen ziehen.

Mein Tipp für Sie

MOTIVSTANZER Statt des Sterns können Sie auch ein anderes Stanzmotiv verwenden. Sehr schön wirken auch Schneekristalle in verschiedenen Formen.

Mit Glitzereffekt

in Hellgrün und Türkis

1 Übertragen Sie die Vorlage und schneiden Sie die Sternenspitzen mit der Zackenschere zu. Dann bestempeln Sie jeweils 10 Tüten mit den Sternenornamenten in Türkis bzw. Hellgrün. Trocknen lassen, dann die Rückseiten der Tüten ebenfalls bestempeln. Ist wiederum alles getrocknet, können Sie die Tüten deckungsgleich aufeinanderkleben.

2 Legen Sie die Fotokartonstreifen übereinander und lochen Sie diese an einem Ende. Schneiden Sie die Streifen über den Stanzungen etwas rund. Dann kleben Sie die Streifen senkrecht und mittig auf die erste und die letzte Brottüte.

3 Stanzen Sie zwei Kreise aus dem weißen Fotokarton aus und stempeln Sie je eine Schneeflocke in Hellgrün bzw. in Türkis auf. Streuen Sie das Einbrennpulver in die noch nasse Farbe und fixieren Sie es mit dem Heißluftföhn. Kleben Sie auf jede Schneeflocke sechs Strasssteine.

4 Jetzt schneiden Sie je zwei Kreise mit den Durchmessern 7,5 cm und 9,5 cm aus dem türkisfarbenen Glitzerkarton und dem hellgrünen Spiralmusterkarton aus. Kleben Sie die Kartonteile aufeinander und fixieren Sie die Sternenmitten auf den Sternen. Zum Schluss ziehen Sie die Kordel bzw. das karierte Bändchen durch die Aufhängeschlaufen.

MOTIVHÖHE

je 40 cm

MATERIAL

PRO STERN

- 10 Butterbrottüten in Weiß, mit Seitenfalte, 10 cm x 21,7 cm
- Rest Fotokarton in Weiß
- Rest Fotokarton in Hellgrün mit Spiralmuster
- Rest Glitzerkarton in Türkis
- 2 Fotokartonstreifen in Weiß, je 1,5 cm x 22 cm
- Stempel: Sternenornament, ø 3 cm und Schneeflocke, ø 5,5 cm
- 6 Strasssteine, selbstklebend, in Silber, ø 0,3 cm
- Kreisstanzer mit Bogenrand, ø 6,5 cm

ZUSÄTZLICH FÜR STERN IN HELLGRÜN

- Stempelkissen und Einbrennpulver in Hellgrün
- Kordel in Hellgrün, ø 0,2 cm, 75 cm lang

ZUSÄTZLICH FÜR STERN IN TÜRKIS

- Stempelkissen in Türkis
- Einbrennpulver in Türkis-Glitter
- Band in Hellblau-kariert, 0,5 cm breit, 75 cm lang

VORLAGE

Bogen 2B

Duo in Beige-Weiß

mit Punkten und Spitzen

MOTIVHÖHE
beiger Stern 33 cm
weißer Stern 40 cm

MATERIAL
BEIGER STERN

- 11 Geschenktüten in Beige-weiß gepunktet, ohne Seitenfalte, 12,9 cm x 16,8 cm
- 2 Fotokartonstreifen in Weiß, 1,5 cm x 20 cm
- Paketschnur in Natur, ø 0,2 cm, 75 cm lang
- Bordürenstanzer mit Bögen, Stanzbreite 5,5 cm

WEISSER STERN

- 8 Butterbrottüten in Weiß, 10 cm x 21,7 cm
- 2 Fotokartonstreifen in Weiß, 1,5 cm x 20 cm
- Bogen Scrapbookingpapier in Grau-weiß gemustert, 30,5 cm x 30,5 cm
- Motivstanzer: Stern, ø 1,5 cm
- Kreisstanzer mit Bogenrand, ø 6,5 cm
- Holzknopf in Grau, ø 4 cm
- Papiertüte in Beige-weiß gepunktet, 12,9 cm x 16,8 cm
- Bordürenstanzer mit Bögen, Stanzbreite 5,5 cm
- Paketschnur in Natur, ø 0,2 cm, 75 cm lang

VORLAGE
Bogen 2B

Weißer Stern

1 Stanzen Sie zunächst aus dem Scrapbookingkarton 32 Bordüren aus. Schneiden Sie sie an den Seitenrändern aus dem Karton heraus, knicken Sie die Falz unter dem Motiv und kleben Sie sie an der Falz und 3,5 cm vom unteren Rand entfernt fest. Die Bögen zeigen dabei nach innen Richtung Seitenfalten.

2 Kleben Sie je zwei Tüten zusammen, übertragen Sie die Vorlage und schneiden Sie die Sternenspitzen mit der Zackenschere zu. Bringen Sie mit dem Sternenlocher die Stanzungen an. Nun kleben Sie die Butterbrottüten passend aneinander.

3 Legen Sie je zwei Fotokartonstreifen aufeinander und lochen Sie jeweils ein Ende. Dann die Streifenenden etwas abrunden und diese an den Außenseiten der Butterbrottüten senkrecht und mittig ankleben.

4 Stanzen Sie aus der gepunkteten Papiertüte einen Kreis und kleben Sie den Knopf mittig darauf. Dann auf der Sternenmitte fixieren. Den Stern an der Kordel aufhängen.

Beiger Stern

1 Kleben Sie jeweils drei Butterbrottüten passend übereinander und bringen Sie seitlich ca. 2,5 cm vom unteren Rand entfernt mit dem Bordürenstanzer die Stanzungen an.

2 Übertragen Sie die Vorlagen und schneiden Sie die Sternenspitzen mit der Zackenschere zu. Jetzt kleben Sie die Geschenktüten-Teile passend aufeinander. Kleben Sie die Fotokartonstreifen auf der ersten und letzten Tüte senkrecht und mittig auf. Nun kann der Stern an der Kordel aufgehängt werden.

Mein Tipp für Sie

STERNENMITTE Sie können den Knopf in der Sternenmitte auch zusätzlich mit einem farblich passendem Schleifenband schmücken.

Modern und stylisch

in kühlem Mint-Weiß

MOTIVHÖHE
je 40 cm

MATERIAL

PRO STERN

- Kreisstanzer mit Bogenrand, ø 6,5 cm
- Rest Formfilz in Weiß
- Rest Scrapbookingkarton in Mint-weiß gepunktet
- 2 Knöpfe in Mint/gelb-gestreift, ø 2,5 cm
- 2 Stücke Baumwollkordel in Weiß, ø 0,1 cm, je 20 cm lang
- 2 Stücke Chiffonband in Weiß, 0,7 cm breit, je 75 cm lang

ZUSÄTZLICH FÜR STERN MIT SPITZEN AUSSEN-RÄNDERN

- 10 Butterbrottüten in Weiß, mit Seitenfalte, 10 cm x 21,7 cm
- 2 Fotokartonstreifen in Weiß, 1,5 cm x 22 cm

ZUSÄTZLICH FÜR SCHNEEFLOCKE

- 9 Butterbrottüten in Weiß, mit Seitenfalte, 10 cm x 21,7 cm
- 2 Fotokartonstreifen in Weiß, 1,5 cm x 22 cm

VORLAGE
Bogen 2B

1 Kleben Sie jeweils fünf bzw. fünf und vier Butterbrottüten zusammen. Übertragen Sie die Muster von der Vorlage und schneiden Sie die Tütenränder und die Ausschnitte zu. Dann kleben Sie jeweils die beiden Sternenteile deckungsgleich aufeinander.

2 Legen Sie die Fotokartonstreifen übereinander und lochen Sie sie an einem Ende. Schneiden Sie sie an diesem Ende etwas rund und kleben Sie die Streifen als Aufhängung senkrecht und mittig auf die Außenseiten der Butterbrottüten.

3 Fertigen Sie die Sternen-Mitten. Hierfür schneiden Sie aus weißem Formfilz zwei Kreise mit einem Durchmesser von 7 cm und zwei Sterne gemäß der Vorlage zu. Stanzen Sie aus dem mintfarbenen Scrapbookingkarton zwei Kreise mit gebogenem Rand. Kleben Sie die Teile aufeinander. Ziehen Sie je ein Kordelstück mittig durch einen Knopf und verknoten Sie es mittig. Dann den Knopf jeweils aufkleben.

4 Fixieren Sie die Mitten auf den Sternen und ziehen Sie das Chiffonband durch die Aufhängungen.

Mein Tipp für Sie

STERNENMITTE Wer mag, lässt die gestaltete Mitte weg, so wirken die Sterne noch zarter und filigraner. Hübsch sind statt der Knöpfe aber auch selbstklebende Schmucksteine.

Filigran in Weiß

mit ausgestanzten Spiralen

MOTIVHÖHE
großer Stern 40 cm
kleiner Stern 34 cm

MATERIAL
- je 7 Butterbrottüten in Weiß, mit Seitenfalte, 10 cm x 21,7 cm
- je 2 Fotokartonstreifen in Weiß, 1,5 cm x 21 cm
- Motivstanzer: Spirale, ø 1,5 cm
- 2 Stücke Chiffonband in Weiß, 0,7 cm breit, je, 75 cm lang

VORLAGE
Bogen 1A

1 Kleben Sie jeweils zwei bzw. drei Butterbrottüten zusammen. Übertragen Sie das Muster mithilfe der Vorlage und schneiden Sie die Sternenspitzen und die Ausschnitte aus.

2 Dann stanzen Sie wie auf der Vorlage zu sehen die Spiralen aus und bringen die Punkte mit der Lochzange (ø 4,5 mm) an. Kleben Sie die Sternenteile deckungsgleich aufeinander.

3 Legen Sie die Fotokartonstreifen übereinander und bringen Sie an einem Ende eine Lochung an. Runden Sie sie ab und kleben Sie sie mittig auf die Außenseiten der Butterbrottüten. Dann können Sie die Sterne mit dem Chiffonband aufhängen.

Mein Tipp für Sie

MOTIVSTANZER Verwenden Sie nach Wahl statt der Spirale andere Motive, z. B. Herzen oder Schneekristalle.

Schlicht und schön

Schneeflocken-Sterne

MOTIVHÖHE
große Schneeflocken je 36 cm
kleine Schneeflocke 32 cm

MATERIAL
PRO STERN
- 3 Stücke Chiffonband in Weiß, 0,7 cm breit, je 75 cm lang

GROSSE SCHNEEFLOCKEN
- je 9 Butterbrottüten in Weiß, mit Seitenfalte, 10 cm x 21,7 cm
- je 2 Fotokartonstreifen in Weiß, 1,5 cm x 21 cm

KLEINE SCHNEEFLOCKE
- 8 Butterbrottüten in Weiß, mit Seitenfalte, 10 cm x 21,7 cm
- 2 Fotokartonstreifen in Weiß, 1,5 cm x 17,5 cm

VORLAGE
Bogen 2B

1 Kleben Sie vier und vier Butterbrottüten bzw. vier und fünf Butterbrottüten zusammen. Übertragen Sie die Vorlage und schneiden Sie die Sternenmuster aus. Dann kleben Sie die Sternenteile zusammen.

2 Lochen Sie die Fotokartonstreifen, runden Sie die Ecken über der Stanzung ab und kleben Sie die Streifen senkrecht auf. Ziehen Sie die Chiffonbänder durch die Aufhängungen.

Mein Tipp für Sie

DEKORATION Wer es weniger schlicht mag, gestaltet die Sternenmitten nach Wahl mit farbigem Karton, Schleifenband oder Knöpfen.

Duo in Rot-Weiß

mit Schmuckband und Herzen

MOTIVHÖHE
Stern mit Schmuckband 40 cm
rot-weiß gestreifter Stern 34 cm

MATERIAL
STERN MIT SCHMUCKBAND

- 8 Butterbrottüten in Weiß, mit Seitenfalte, 10 cm x 21,7 cm
- Klebeband, weiß-kariert mit Herzen, 1,5 cm breit, ca. 14 m lang
- 2 Fotokartonstreifen in Weiß, 1,5 cm x 22 cm
- Baumwollband in Rot mit weißer Spitze, 0,7 cm breit, 75 cm lang

ROT-WEISS GESTREIFTER STERN

- 11 Geschenktüten in Rot-weiß gestreift, ohne Seitenfalte, 13 cm x 17 cm
- 2 Fotokartonstreifen in Weiß, 1,5 cm x 19 cm
- Baumwollband in Rot mit weißer Spitze, 0,7 cm breit, 75 cm lang
- Bogenschere

VORLAGE
Bogen 1B

1 Bekleben Sie zunächst die weißen Butterbrottüten mit dem gemustertem Klebeband. Beginnen Sie hierfür 2 cm vom unteren Rand entfernt und kleben Sie auf jede Tüte und auf jeder Seite sechs Streifen auf. Kleben Sie anschließend je vier Tüten zusammen, übertragen Sie die Vorlage und schneiden die Sternenspitzen und Ausschnitte aus.

2 Bringen Sie mit der Lochzange die Stanzungen wie auf der Vorlage zu sehen an (ø 4,5 mm). Anschließend kleben Sie die Butterbrottütenteile zusammen.

3 Für den rot-weiß gestreiften Stern kleben Sie fünf bzw. sechs Geschenktüten zusammen und übertragen die Vorlage. Schneiden Sie die Sternenspitze mit einer Bogenschere zu. Die auf dem Vorlagenbogen eingezeichneten Stanzungen bringen Sie mit der Lochzange (ø 4,5 mm) an.

4 Legen Sie die Fotokartonstreifen jeweils übereinander und lochen Sie sie an einem Ende. Über den Stanzungen leicht abrunden, dann bringen Sie die Streifen auf den Außenseiten der Brot- bzw. Geschenktüten an. Hängen Sie die Sterne jeweils am Chiffonband auf.

Klebebänder gibt es in vielen verschiedenen Farben und Designs, wählen Sie einfach eines aus, das Ihnen am besten gefällt.

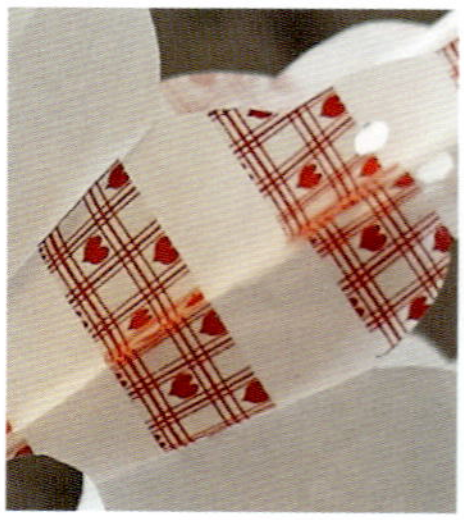

Zarte Spitzen

in Weiß mit Punktemuster

MOTIVHÖHE
je 40 cm

MATERIAL

- je 8 Butterbrottüten in Weiß, mit Seitenfalte, 10 cm x 21,7 cm
- Motivstanzer: Kreis, ø 1 cm
- je 2 Fotokartonstreifen in Weiß, 1,5 cm x 22,5 cm
- Chiffonband in Weiß, 0,7 cm breit, 75 cm lang

VORLAGE
Bogen 2A

1 Kleben Sie je zwei Tüten zusammen. Übertragen Sie das Muster vom Vorlagenbogen und schneiden Sie die Sternenspitzen sorgfältig aus. Zum Ausschneiden der Innenausschnitte in den Spitzen können Sie die Butterbrottüten hälftig längs falten.

2 Bringen Sie gemäß der Vorlage die Stanzungen mit dem Kreisstanzer und der Lochzange (ø 4,5 mm) an. Jetzt kleben Sie die Sternenteile deckungsgleich aufeinander.

3 Lochen Sie die Fotokartonstreifen und runden Sie die Enden über der Lochung ab. Kleben Sie die Aufhängestreifen auf der Außenseite der Butterbrottüten fest. Zum Schluss ziehen Sie das Chiffonband durch die Aufhängelöcher.

Mein Tipp für Sie

FARBWAHL Dieser Stern wirkt auch sehr schön, wenn er aus farbigen oder gemusterten Geschenktüten hergestellt wird. Ergänzen Sie nach Wahl noch eine dekorative Sternenmitte.

Sie können auch andere Klebebänder verwenden, es gibt sie in vielen verschiedenen Farben und Mustern.

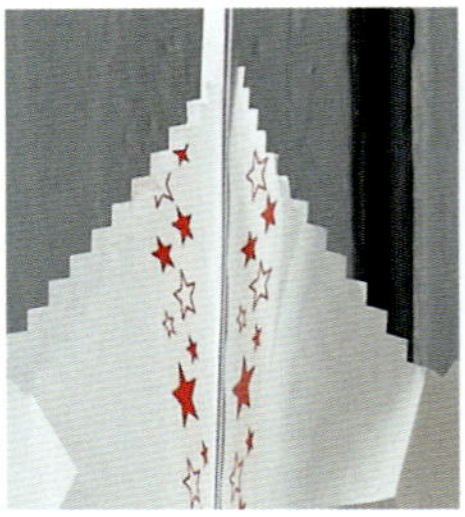

Gekonnt kombiniert

mit Schmuckbändern

MOTIVHÖHE

großer Stern 40 cm

kleine Sterne je 30 cm

MATERIAL

GROSSER STERN

- 9 Butterbrottüten in Weiß, mit Seitenfalte, 10 cm x 21,7 cm
- Klebeband in Rot-weiß kariert, 1,5 cm breit, 7,20 m lang
- 2 Fotokartonstreifen in Weiß, 1,5 cm x 22 cm
- Chiffonband in Rot, 0,7 cm breit, 75 cm lang

KLEINE STERNE

- je 9 Butterbrottüten in Weiß, mit Seitenfalte, 10 cm x 21,7 cm
- Klebeband in Weiß mit roten Sternen bzw. mit Norwegermuster, je 1,5 cm breit, je 5,40 m lang
- je 2 Fotokartonstreifen in Weiß, 1,5 cm x 16 cm
- Chiffonband in Rot, 0,7 cm breit, 75 cm lang

VORLAGE

Bogen 1B

1 Kleben Sie zunächst auf alle Butterbrottüten und auf beide Seiten 2,5 cm von den Rändern entfernt seitlich senkrecht die Klebebänder auf. Kleben Sie dann jeweils vier und fünf Butterbrottüten aufeinander und übertragen Sie die Vorlage.

2 Schneiden Sie die Sternenspitzen zu, nach Wahl mit der Zackenschere. Schneiden Sie auch die übrigen Ausschnitte mit einer Papierschere aus. Dann kleben Sie die Sternenteile passend aufeinander.

3 Lochen Sie die Fotokartonstreifen an einem Ende, runden Sie die Enden ab und kleben Sie die Streifen als Aufhängung mittig und senkrecht auf die Tüte. Jetzt können Sie die Aufhängebänder einziehen.

Gudrun Schmitt wurde 1963 in Fulda geboren und hat vier, in der Zwischenzeit schon fast erwachsene Kinder. Sie hat schon immer gerne gemalt und gebastelt; das Vorbild waren die Eltern, die bis heute mit viel Freude und Fantasie kreative Dinge herstellen. Nach dem Schulabschluss erlernte sie den eigentlich unkreativen Beruf der Bankkauffrau. Nach der Geburt des ersten Sohnes flammte aber die Leidenschaft zum Basteln wieder auf. In den folgenden Jahren leitete sie Kinderkreativkurse und Seidenmalkurse in verschiedenen Familienbildungsstätten. 1998 erschien in Zusammenarbeit mit ihrer Schwester das erste Kreativbuch im frechverlag.

DANKE!

Wir danken den Firmen folia, Wendelstein; Rayher, Laupheim; Rico Design, Brakel und Marabu, Tamm für die freundliche Unterstützung mit Materialien.

MIX
Aus verantwortungsvollen Quellen
FSC® C014138

Penguin Random House Verlagsgruppe
FSC® N001967

TOPP – Unsere Servicegarantie

WIR SIND FÜR SIE DA! Bei Fragen zu unserem umfangreichen Programm oder Anregungen freuen wir uns über Ihren Anruf oder Ihre Post. Loben Sie uns, aber scheuen Sie sich auch nicht, Ihre Kritik mitzuteilen – sie hilft uns, ständig besser zu werden.

Bei Fragen zu einzelnen Materialien oder Techniken wenden Sie sich bitte an unseren Kreativservice, Frau Erika Noll.
mail@kreativ-service.info
Telefon 0711 / 123 757 20

Das Produktmanagement erreichen Sie unter:
Produktmanagement@frechverlag.de oder:
frechverlag
Produktmanagement
Dieselstr. 5
70839 Gerlingen
Telefon 07 11 / 8 30 86 68

LERNEN SIE UNS BESSER KENNEN! Fragen Sie Ihren Hobbyfach- oder Buchhändler nach unserem kostenlosen Magazin **Meine kreative Welt.** Darin entdecken Sie dreimal im Jahr die neuesten Kreativtrends und interessantesten Buchneuheiten.

Oder besuchen Sie uns im Internet! Unter **www.topp-kreativ.de** können Sie sich über unser umfangreiches Buchprogramm informieren, unsere Autoren kennenlernen sowie aktuelle Highlights und neue Kreativtechniken entdecken, kurz – die ganze Welt der Kreativität.

Kreativ immer up to date sind Sie mit unserem monatlichen **Newsletter** mit den aktuellsten News aus dem frechverlag, Gratis-Bastelanleitungen und attraktiven Gewinnspielen.

IMPRESSUM

FOTOS: frechverlag GmbH, Dieselstr. 5, 70839 Gerlingen; lichtpunkt, Michael Ruder, Stuttgart; Gudrun Schmitt (alle Arbeitsschrittfotos)

PRODUKTMANAGEMENT: Claudia Mack

LEKTORAT: Uta Koßmagk, Wiesbaden

GESTALTUNG: Tatjana Ströber

DRUCK: Finidr s.r.o., Tschechische Republik

7. Auflage 2022

ISBN 978-3-7724-4244-5 • Best.-Nr. 4244